AF494508

B. MAILLARD

Etude sur notre établissement dans les divers pays de l'Union et sur la création de l'Unité Indochinoise

SAIGON
IMPRIMERIE NOUVELLE A. PORTAIL
Rue Catinat
—
1929

B. MAILLARD

Etude sur notre établissement dans les divers pays de l'Union et sur la création de l'Unité Indochinoise

SAIGON
IMPRIMERIE NOUVELLE A. PORTAIL
Rue Catinat
—
1929

Avertissement

Cet opuscule n'a d'autre prétention que de résumer une documentation éparse dans les divers ouvrages consacrés à l'étude de notre établissement en Indochine.

La reproduction des décrets des 17 *octobre* 1887, 21 *avril* 1891 *et* 31 *juillet* 1898, *qui en forme la seconde partie, a uniquement pour but d'éviter aux candidats au concours d'Administrateur et à celui de Chef de Bureau des Services Civils des recherches dans les publications officielles de la colonie, — la plupart des recueils actuellement entre les mains des fonctionnaires indochinois ne reproduisant pas le texte de ces décrets qui furent pourtant à la base de la création de l'Unité Indochinoise.*

B. M.

Etude sur notre établissement dans les divers pays de l'Union et sur la création de l'Unité Indochinoise

Au temps de Louis XVI, l'empereur Gialong avait, sous l'influence de Monseigneur Pignault de Béhaine, sollicité et obtenu l'aide et la protection de la France. Des officiers et des volontaires français, ramenés par l'évêque d'Adran à la suite d'un voyage en France, ayant aidé Nguyên-Anh à reconquérir ses états, ce dernier, devenu roi, favorisa l'établissement de nos missionnaires et permit au catholicisme de se développer librement.

Mais à sa mort, son fils Minh-Mang ne pouvant souffrir la présence des Français, leur fit interdire l'entrée de son royaume et commença à persécuter les chrétiens.

Ce furent les persécutions contre les missionnaires qui amenèrent l'intervention de l'Amiral Rigault de Genouilly.

L'Amiral occupa d'abord Tourane et, en 1859, après s'être renseigné sur la Basse Cochinchine, et avoir « acquis la conviction que la prise de Saigon porterait un coup dix fois plus sensible à l'ennemi que celle de Tourane, » (Schreiner, Histoire d'Annam) décida de conduire une expédition dans le sud et s'empara de Saigon.

Deux ans plus tard l'Amiral Charner prenait la plus grande partie de la Cochinchine, et le traité du 5 juin 1862 passé entre l'Amiral Bonard et Phan-thanh-Giang, représentant l'empereur Tu-Duc, nous cédait les provinces de Giadinh et de Mytho, avec l'île de Poulo-Condore.

Mais du fond des provinces de Vinhlong, de Chaudoc et d'Hatien, restées annamites, les mandarins suscitaient des difficultés continuelles à notre corps d'occupation. L'amiral de la Grandière résolut d'en finir. Il se rendit maître de ces provinces en cinq jours, au mois de juin 1867.

La Cochinchine était devenue terre française et le traité du 15 mars 1874 entre la France et l'Annam, approuvé par la loi du 15 juin 1885, ne fit que consacrer un fait accompli en stipulant, en son article 5 :

« Sa Majesté le Roi de l'Annam reconnaît la pleine « et entière souveraineté de la France sur tout le « territoire occupé par elle et compris entre les « frontières suivantes :

« A l'est, la mer de Chine et le royaume d'Annam « (province de Binh-Thuan) ;

« A l'ouest, le golfe du Siam ;

« Au sud, la mer de Chine ;

« Au nord, le royaume du Cambodge et le royaume « d'Annam (province de Binh-Thuan).

Au lendemain de la conquête, l'amiral Bonard songea « à confier à de grands chefs indigènes « la surveillance directe des populations, tandis « que les gouvernants européens, libres de toute « ingérence dans les détails de l'administration, « s'occuperaient de favoriser le développement du « commerce et la fondation de grandes entreprises « agricoles et industrielles ». (Vial).

Les mandarins s'étant enfuis, il fut obligé d'organiser le pays de toutes pièces : et il donna l'administration des provinces à des officiers, qui prirent le titre d'inspecteurs des affaires indigènes. Par la suite furent institués, auprès d'eux, des administrateurs des affaires indigènes, à qui on demanda d'aller au Collège des stagiaires, suivre des cours d'annamite, de cambodgien, de caractères chinois, de droit français, de législation annamite, d'économie politique, d'histoire, de botanique et de construction pratique ; ce fut l'origine de notre système d'administration directe. En 1880, avec M. Le Myre de Villers, les civils succèdent aux militaires et le régime actuel est définitivement organisé.

***

Au Cambodge, le pays, étroitement enserré entre l'Annam et le Siam, était destiné à être absorbé par ses deux puissants voisins. Les Siamois s'étaient emparé d'Angkor, de Battambang; et en fait le roi du Cambodge « subissait l'influence presque unique du Siam ».

Le 11 août 1863, l'amiral de la Grandière réussit à conclure avec le roi Norodom un traité d'amitié et de commerce qui n'était autre qu'un véritable traité de protectorat. La France s'engageait à protéger le roi du Cambodge contre toute attaque extérieure, à maintenir l'ordre dans ses états; elle recevait, en reconnaissance, le droit de nommer auprès de lui un résident français placé sous la haute autorité du Gouverneur de la Cochinchine. Les sujets français jouiraient dans toute l'étendue du royaume d'une entière liberté pour leurs personnes et leurs propriétés ; ils pourraient circuler librement, posséder, s'établir ; les missionnaires auraient droit de prêcher, d'enseigner ; les différends entre Français et Cambodgiens seraient réglés, si possible, à l'amiable par le résident français, et à défaut par un tribunal composé dudit résident et d'un fonctionnaire cambodgien, jugeant, non d'après les règles du droit strict, mais d'après l'équité.

Le souverain du Cambodge ne se rendit sans doute pas bien compte du caractère du document qu'il avait signé, car il se laissa influencer par les intrigues du représentant de la Cour du Siam, à Oudong, qui faillirent tout compromettre. Après de nombreuses difficultés, le roi du Siam finit par reconnaître notre protectorat sur le pays (traité du 15 juillet 1867) sauf en ce qui concerne Battambang, Siemréap, et Sisophon qui restèrent siamoises jusqu'à l'époque où elles furent cédées à la France. (traité du 23 mars 1907).

Les événements qui suivirent la signature du traité de 1867 déterminèrent M. Charles Thomson, gouverneur de la Cochinchine, à imposer au roi Norodom un traité plus restrictif (convention du 17 juin 1884, approuvée par la loi du 17 juillet 1885,) par lequel le souverain du Cambodge acceptait toutes les réformes administratives, judiciaires, financières et commerciales auxquelles le Gouvernement de la République estimerait nécessaire de procéder.

Le résident dont l'emploi avait été prévu par le traité du 11 août 1863 prenait le titre de résident général. Droit d'audience privée lui était accordé auprès de la personne du Roi.

Des résidents et des résidents-adjoints, préposés au maintien de l'ordre public, pouvaient être placés par le Gouvernement français dans les chefs-lieux de province et partout où leur présence serait jugée utile.

Les fonctionnaires cambodgiens continueraient sous le contrôle des autorités françaises, à administrer le pays, à l'exception des douanes, des travaux publics, des contributions directes et indirectes et, en général, des services qui exigent une direction unique ou l'emploi d'ingénieurs ou d'agents européens.

L'esclavage était aboli, et le sol du royaume, jusqu'alors propriété exclusive de la Couronne, cessait d'être inaliénable ; il était procédé à la constitution de la propriété, les chrétientés et les pagodes conservant les terrains qu'elles occupaient.

Depuis 1884, le Cambodge profite donc des réformes que le Gouvernement de la République, juge utile d'apporter, tant au point de vue extérieur qu'intérieur ;

— et depuis 1907, Battambang, Siemréap et Sisophon suivent le régime des provinces du protectorat.

***

Au Tonkin la situation était tout autre. L'article 2 du traité du 5 juin 1862 avait bien permis aux sujets français d'exercer le culte chrétien dans toute l'étendue du royaume d'Annam et aux Annamites d'embrasser, s'ils le désiraient, la religion catholique ; mais aucune clause n'autorisait les Français à s'établir au Tonkin ni à y faire du commerce. Seul l'article 5 spécifiait : « les sujets de l'empire de France pourront librement commercer dans les trois ports de Tourane, Bac-Lac et Quang-An. »

Or, en 1872, un Français, Jean Dupuis, entreprit de transporter au Yunnam des armes et des munitions, par la voie du Fleuve Rouge, ce qui était contraire au traité. Lors de son retour, les autorités annamites lui causèrent mille ennuis, dans le but de retarder son voyage. Le Lieutenant de vaisseau Francis Garnier, envoyé pour régler l'affaire, rencontra de la part des mandarins une hostilité sourde qui le décida à occuper Hanoi et à conquérir le delta tonkinois. Malheureusement les Pavillons Noirs attaquèrent la citadelle, et Garnier fut tué en les repoussant.

C'est alors que le Lieutenant de vaisseau Philastre négocia le traité du 15 mars 1874, traité obscur qui, dit M. Marcel Moye « laissait à peu près complète la souveraineté tant intérieure qu'extérieure du roi annamite ». Tout au plus la Cour de Hué promettait-elle à la France un vague droit de contrôle sur les conventions diplomatiques conclues par elle. C'est à peine si elle promettait de conformer sa politique extérieure à celle de la France.

La France, au contraire, s'engageait à défendre l'Annam contre toute attaque extérieure et à maintenir, au dedans, l'ordre et la tranquillité, assumant de ce fait aux yeux des puissances étrangères une lourde responsabilité sans retirer aucun avantage correspondant.

Du Tonkin, il n'était plus question. Le traité ouvrait au commerce les villes de Quinhon, d'Hanoi, et d'Haiphong où les Français pouvaient s'établir après certaines formalités ; et son article 15 autorisait les Français à voyager dans l'intérieur du pays avec le consentement des autorités annamites et munis d'un passeport visé par elles ; *tout commerce leur était int rdit.*

Ce traité boiteux demeura mort-né, le gouvernement de l'Annam n'ayant jamais voulu le respecter. La situation traî a ainsi en longueur jusqu'en 1883, juqu'au moment où le Capitaine de Vaisseau Henri Rivière fut envoyé au Tonkin pour débarrasser le Fleuve Rouge des pirates chinois. Les Pavillons Noirs étant venus, en avril 1883, mettre le siège devant la citadelle d'Hanoi, le Commandant Rivière fut tüé le 19 mai, en tentant une sortie.

Sa mort, dit M. Schreiner, « eut un grand retentissement dans la métropole. Un crédit de 5.300.000 francs demandé par le Cabinet fut voté à l'unanimité.» Et une expédition nouvelle fut organisée avec le Général Bouët.

Pendant que le Général Bouët opérait au Tonkin, l'Amiral Courbet bombardait les forts de Hué, et, débarquant un petit corps de marins, forçait l'Empereur à signer le traité préliminaire du 23 août 1883, par lequel l'Annam reconnaissait et acceptait le protectorat de la France, avec toutes ses conséquences, et autorisait l'installation de résidents français, avec des forces suffisantes, aux chefs-lieux de toutes les provinces du Tonkin.

A quelque temps de là, le roi Hiep-Hoa mourut, empoisonné, et l'Amiral Courbet reçut l'ordre de prendre le commandement du corps expéditionnaire. « il s'empara de Sontay, où derrière les Pavillons

« Noirs, il trouva, dit M. Girault, (Principe de Législation Coloniale,) des réguliers chinois. »

La Chine nous combattait ouvertement ; les places occupées par les troupes chinoises étaient armées de canons « Krupp. » (Schreiner).

On envoya des renforts, et le Commandement en chef fut donné au Général Millot qui s'empara de Bac-Ninh, Thai-Nguyên, Hung-Hoa, Tuyên-Quang, et refoula les Chinois.

La paix fut signée le 11 mai 1884. Par la convention de Tien-Tsin, la Chine s'engageait à retirer toutes les garnisons qu'elle avait au Tonkin, et la France prenait, en retour, l'engagement de n'employer, dans le traité qu'elle passerait avec l'Annam, aucune expression de nature à porter atteinte au prestige du Céleste Empire.

Un mois plus tard, le 6 juin 1884, M. Pâtenôtre, ministre plénipotentiaire, signa avec le nouveau roi d'Annam un traité définitif, approuvé par la loi du 17 juillet 1885, qui règle encore en partie nos rapports avec l'Annam et le Tonkin.

L'introduction sur le régime du protectorat de la France en Annam et au Tonkin parue dans un ouvrage intitulé « Le Régime des Protectorats » — (Institut Colonial International), — résume ainsi les principales clauses de ce traité :

Le traité de 1884 « commence, dit-elle, par proclamer « l'établissement du protectorat de la France sur l'Empire d'Annam, expression générale qui on le sait, « dans la langue officielle de la Cour de Hué s'applique « au Tonkin en même temps qu'à l'Annam proprement « dit. » Il stipule « que la France représente l'Annam « dans ses relations extérieures. L'exercice du protectorat est confié à un Résident Général installé à Hué, « ayant droit d'audience privée et personnelle auprès « du Roi, et chargé de veiller à ce que les droits conférés à la France soient scrupuleusement respectés.

« Là se borne notre rôle politique et administratif « en Annam. Aucun Résident français n'est installé « dans les provinces auprès des mandarins annamites « qui ne relèvent, comme auparavant, que de leur « gouvernement et ne reçoivent que par son inter- « médiaire l'impulsion du Protectorat. Les agents « annamites du fisc perçoivent les impôts en dehors « de tout contrôle des fonctionnaires français et « pour le compte de la Cour de Hué. Seuls, les ser- « vices publics qui exigent une direction unique « ou des connaissances spéciales, comme les douanes, « les travaux publics et les télégraphes, sont confiés « à des fonctionnaires français. Sauf cette exception « toute l'Administration est laissée aux mains des « indigènes. Les Français et les étrangers sont placés, « comme au Tonkin, sous la juridiction française ; « mais pour voyager à l'intérieur ils ont besoin d'une « autorisation spéciale, délivrée par l'autorité fran- « çaise.

Au Tonkin, la participation de l'autorité française à « l'administration indigène est beaucoup plus « marquée. Des résidents ou des résidents-adjoints « sont placés dans tous les chefs-lieux où leur présence « est jugée utile ; ils n'ont pas, il est vrai, à s'immiscer « dans les détails de l'administration intérieure, « mais ils en contrôlent incessamment la direction. « Ils habitent la citadelle, ou en tout cas dans l'en- « ceinte même réservée aux mandarins, ils ont droit « à une escorte française ou indigène. Ils centra- « lisent, avec le concours des Quan-bô, le service de « l'impôt dont ils surveillent la perception et l'em- « ploi ; ils peuvent exiger la révocation des fonction- « naires indigènes hostiles ou incapables. Enfin les « fonctionnaires et employés français de toute caté- « gorie ne peuvent communiquer avec les autorités « annamites que par leur intermédiaire ».

L'article 18 du traité de 1884 stipulait qu'il y aurait, en Annam et au Tonkin, des concessions françaises dans les ports ouverts au commerce par l'article 5 du traité du 5 juin 1862 et que des accords ultérieurs en régleraient les limites. En exécution de ces dispositions, une ordonnance royale du 3 octobre 1888 a cédé à la France les territoires de Hanoi, Haiphong et Tourane qui sont, par suite, possessions françaises.

La convention du 11 mai 1884 et le traité du 6 juin 1884 ne mirent cependant pas fin à la situation. La convention de Tien-Tsin ne prévoyant pas d'armistice, ni de suspension d'armes, et le gouvernement de Pékin n'ayant pas donné l'ordre à ses troupes d'évacuer le Tonkin, une colonne française qui montait occuper Langson se heurta, à Baclé, à un fort parti chinois et perdit un huitième de son effectif en voulant forcer les défilés. Il fallut une intervention énergique pour que la Chine qui avait, pendant de longs siècles, exercé sa domination sur l'Annam et qui ne pouvait se résoudre à perdre définitivement ses droits de suzeraineté, se décidât, par le traité du 9 juin 1885, à respecter les arrangements intervenus entre la France et l'Annam.

Quelques explications permettront de mieux comprendre le régime du protectorat.

Le protectorat consiste, dit M. Marcel Moye, à « passer un traité avec un roi indigène qui est censé « abandonner sa souveraineté et ses domaines au « profit d'un gouvernement européen. On a ainsi « l'apparence de ne pas porter atteinte aux droits « des populations locales qui semblent être liées « par un acte de leur propre volonté »...

Malheureusement ces traités de protectorat ne sont presque jamais sérieusement débattus ; et ce sont plutôt des actes unilatéraux « de la puissance colonisatrice ».

Il y a là certes une critique profonde.

Mais serait-il juste, comme l'écrit Paul Leroy Beaulieu, que les nations civilisées s'entassent sur des territoires restreints pour laisser d'immenses superficies à des populations « décrépites, sans énergies, sans direction, incapables de tout effort ! »

Suivant M. A. Girault, (l'Afrique du Nord) « le « mot protectorat est une formule très large qui « peut recouvrir des réalités très diverses. Il n'existe « point de Code international réglant, d'une manière « uniforme, les droits et les devoirs réciproques « de l'Etat protecteur et de l'Etat protégé, faisant « le départ entre les attributs de la souveraineté « que conserve le souverain protégé et ceux dont « il fait l'abandon. L'empiètement de l'Etat pro- « tecteur sur la souveraineté externe ou interne « de l'Etat protégé peut être plus ou moins pro- « noncé. Il y a un protectorat très lâche dont le « protégé se moque dans la réalité et qui ne laisse « pas de créer une situation quelque peu ridicule à « l'Etat qui prétend jouer le rôle de protecteur. Il « y a un protectorat très étroit qui déguise à peine « l'administration directe, laquelle s'exerce en réalité. « Entre ces deux situations extrêmes existe une série « de nuances infinies. Il n'y a pas deux protectorats « semblables. Pour apprécier chaque protectorat, il « faut consulter non seulement le texte du traité, « mais encore la nature des rapports qui s'établis- « sent à la suite de ce traité entre le protecteur et « le protégé. Deux traités dont les termes sont abso- « lument identiques peuvent être les points de départ « de deux situations tout à fait différentes. Bien « plus, il faut tenir compte du caractère et du tem- « pérament des hommes que le protectorat met « en présence et qui sont plus ou moins autoritaires, « plus ou moins obstinés, plus ou moins passionnés, « plus ou moins faibles. »

Bien qu'il existe de nombreuses formes de protectorat, il est facile de les ramener à trois types principaux.

On peut tout d'abord imaginer un premier mode dans lequel « l'Etat protecteur se borne à se substituer à l'Etat protégé dans ses relations extérieures. »

Le pays protecteur n'absorbe, dans ce cas, les pouvoirs du souverain protégé qu'en matière de politique étrangère. Mais ce dernier n'aura sans doute pas une conception bien nette de ce qu'on appelle les affaires extérieures. Ce à quoi il tient le plus, c'est à son prestige dans l'intérieur du pays : on le lui laisse ; on lui laisse l'illusion du pouvoir. Mais n'est-ce pas avec l'illusion qu'on gouverne en partie les hommes ?...

Un second procédé consiste à faire administrer le peuple protégé par ses chefs naturels, en se bornant à contrôler leur administration. Les agents de l'Etat protecteur interviennent dans l'administration intérieure, non pas directement, mais par l'intermédiaire des autorités indigènes qu'ils conseillent ou qu'ils commandent. En apparence rien n'est changé ; au fond tout se transforme. Et les institutions au contact des Européens évoluent peu à peu.

Le troisième type a pour caractéristique d'écarter du gouvernement et de l'administration, par une élimination progressive ou par la transformation des fonctions existantes, les hauts fonctionnaires indigènes, et de leur substituer des agents européens. C'est le protectorat dit d'administration

Le régime prévu par le traité du 6 juin 1884, pour l'Annam et pour le Tonkin, n'était pas le même. Une nouvelle convention signée le 30 juillet 1885 entre la France et l'Annam avait bien permis l'installation de résidents français dans les provinces de l'Annam, mais des différences subsistaient néanmoins très considérables. On devine quelles divergences devaient se produire dans la pratique.

Paul Bert s'efforça d'abord d'accentuer les différences qui existaient entre les deux pays, et obtint du roi Dong-Khanh, en 1886, la nomination d'un Kinh Luoc au Tonkin, sorte de contrôleur général, de surintendant, chargé de prendre sur place toutes les mesures qu'il jugerait opportunes. Le Kinh Luoc remplaçait le roi, gouvernait tout, réformait tout.

Onze ans plus tard, le poste de Kinh Luoc fut supprimé, et les mandarins furent rattachés à la Résidence Supérieure par ordonnance royale du 26 juillet 1897; cette mesure eut pour effet de faire passer le Tonkin du régime du protectorat de contrôle à celui de protectorat d'administration.

Mais déjà les dissemblances s'atténuaient. Une ordonnance royale du 27 septembre 1897 (qui fut suivie d'une ordonnance du roi Thanh-Thai, du 15 août 1898, réorganisant l'administration et le régime des impôts en Annam,) avait confié la présidence du Conseil Secret ou Comat, ayant remplacé l'ancien Conseil de Régence, au Résident Supérieur, et édicté que les discussions de ce Conseil ne deviendraient exécutoires qu'après approbation du Résident Supérieur. Le Résident Supérieur en Annam, par l'intermédiaire des délégués français aux divers ministères, créés à peu près vers la même époque par ordonnance du Souverain d'Annam, est donc en mesure de faire connaître ses directives jusque dans les moindres détails.

Le Résident Supérieur à Hué a, de ce fait, la haute main sur les affaires de l'Annam. sur l'administration, les impôts, la justice indigène. Il a acquis des pouvoirs identiques à ceux du Résident Supérieur au Tonkin. L'Annam est toutefois moins franchement sous le régime du protectorat d'administration que le Tonkin.

*
* *

Au Laos, le pays avait été, dit M. A. Girault, « longtemps disputé entre le Roi d'Annam et celui « du Siam. La population payait tribut tantôt à l'un, « tantôt à l'autre ». La France revendiqua les territoires de la rive gauche du Mékong, mais elle se heurta aux prétentions du Siam, et ce n'est qu'à la suite de péripéties, dont les plus marquantes furent la démonstration de la *Comète* et de *l'Inconstant* devant Bangkok, que la Cour du Siam, après un ultimatum, se décida à renoncer aux territoires situés sur la rive gauche du Mékong et aux îles du fleuve, (article 1er du traité du 3 octobre 1893) et s'interdit d'entretenir et de faire circuler des bâtiments ou embarcations armés sur les bords du Mékong.

Ce traité ne fut pas sans nous attirer des difficultés de la part de l'Angleterre ; les diplomates finirent cependant par trouver un terrain d'entente, et l'article 3 de la convention du 15 janvier 1896 nous laissa, sans conteste, maîtres de la rive gauche du Mékong, de la frontière chinoise à celle du Cambodge.

Depuis lors, la frontière du Laos a été définitivement délimitée par le traité du 13 février 1904, qui, écrit M. de Galembert, (Administration et Services Publics Indochinois), « consacre la renonciation du « Siam à ses droits antérieurs de Souveraineté ».

Dans ce pays, nous avions succédé purement et simplement aux droits du Roi d'Annam. « Après la « signature du traité du 3 octobre 1893, dit M. Picanon, (Le Laos français), les territoires situés entre « la rive gauche du Mékong et le versant occidental « de la chaîne annamitique firent retour à l'Empire « d'Annam et passèrent ainsi sous la domination « française ».

Or les droits de l'Annam, tout comme ceux du Siam, se résumaient en un tribut payé par les Laotiens. Même lorsqu'elle eût conquis le pays, la Cour de Bangkok n'osa jamais porter la main sur les institutions des autochtones : elle faisait rentrer l'impôt dans les caisses du trésor, et avait, dans ce but, organisé le pays en provinces et en districts, et placé à leur tête des gouverneurs et des chefs de districts ; mais elle ne s'immisça jamais dans les querelles intestines des populations indigènes.

Dès le début de notre intervention, nous occupâmes purement et simplement les territoires des peuplades rudimentaires qui n'avaient pu jusque là s'élever à un certain degré de civilisation, et nous signâmes des conventions avec les principautés présentant quelque apparence d'organisation : Luang-Prabang et Vientiane. Quoique succédant aux droits des souverains d'Annam nous n'étions donc pas liés par ce qui s'était fait avant notre établissement, étant données notre occupation d'une part et les conventions passées avec les princes des royaumes organisés d'autre part. Nous mîmes tout de suite la main sur deux rouages essentiels: la police et l'impôt. Et, à l'exemple du Siam, nous organisâmes le pays. Le Laos fut divisé en deux territoires : le haut et le bas Laos, à la tête desquels furent placés des Commandants Supérieurs, dépositaires des pouvoirs du Gouverneur Général.

Le Commandant Supérieur avait la haute direction des Commissariats du Gouvernement, nommait le personnel indigène, et présidait le tribunal d'appel, avec faculté d'appliquer le Code Pénal français.

La charge de Commandant Supérieur fut supprimée en 1899, et les deux circonscriptions furent réunies en une seule, sous l'autorité d'un Résident Supérieur, jouissant des mêmes prérogatives que les Résidents Supérieurs du Tonkin, de l'Annam et du Cambodge.

Le Résident Supérieur était et il est encore assisté de Commissaires du Gouvernement dirigeant les provinces, où ils veillent à la police générale, à la police sanitaire, à la police des routes, recueillent l'impôt, font exécuter les corvées, délivrent des permis d'armes, des patentes, des permis de circulation, des passeports, etc., etc...

***

En Chine, le gouvernement de Pékin nous céda, en 1898, à bail, pour 99 ans, la baie de Kouang tchéou Wan, avec le droit d'y créer une station navale et un dépôt de charbon (traité du 1er avril 1898).

Les limites du nouveau territoire furent déterminées par une convention du 27 mai 1899, ratifiée par la Chine en janvier 1900, et Kouang tchéou Wan fut rattaché à l'Indochine par décret du 20 janvier 1900.

Cette cession correspondait à des avantages de même nature concédés à l'Angleterre, à l'Allemagne, à la Russie, après la guerre sino-japonaise et après la défaite de l'Empire du Milieu. La conférence de Berlin ayant proscrit la conquête pour l'avenir, comme mode de colonisation, et l'occupation ne pouvant avoir lieu qu'en des contrées désertes ou peuplées de tribus sauvages, la cession à bail a constitué en ce pays, où « la vieille organisation asiatique » était encore robuste, une heureuse innovation de la diplomatie permettant aux grandes puissances de s'établir en un point déterminé du territoire chinois, avec le secret espoir de ne pas restituer le territoire cédé à la fin du bail. Il y a lieu d'espérer que ces baux seront prorogés pour une ou plusieurs nouvelles périodes, et qu'une solution définitive interviendra en faveur des états bénéficiaires.

***

Revenons un peu en arrière.[1] En 1887 nos établissements en Extrême-Orient se composaient du Cambodge et de la Cochinchine d'une part, avec un Résident Général au Cambodge, placé sous l'autorité du Gouverneur de la Cochinchine, et de l'Annam et du Tonkin, d'autre part, avec un Résident Général commun, demeurant à Hué et relevant du Ministère des Affaires Étrangères.

On sentit à ce moment le besoin de réaliser l'unité des divers pays qui constituaient l'Indochine française et un décret du 17 octobre 1887 créa l'Union Indochinoise en ce qui concerne l'administration générale et la direction politique, le Commandement des forces de terre et de mer, les services judiciaires, l'administration des Postes et Télégraphes et celle des Douanes et Régies.

L'Union douanière était déjà un fait accompli. Aux termes de l'article 47 de la loi de finances du 26 février 1887 les produits étrangers importés en Cochinchine, au Cambodge, en Annam et au Tonkin, étaient soumis aux droits inscrits au tarif général de la Métropole, sauf quelques adoucissements déterminés par un règlement d'administration publique.

De leur côté les juridictions françaises de l'Annam et du Tonkin relevaient de la Cour de Saigon, et l'Union judiciaire ne devait être que la consécration de cet état de choses.

En ce qui concerne les Postes et Télégraphes, l'établissement d'un service unique s'imposait pour des raisons d'intérêt commun, la Cochinchine faisant en partie les frais du câble de Haiphong, Cap Saint-Jacques et de la ligne postale maritime desservant le Tonkin ; d'autant qu'aux termes des conventions postales internationales (article 32 du règlement de détail de Paris) la péninsule indochinoise ne formait qu'un seul et même territoire.

Au point de vue militaire, l'unité dans le commandement devait permettre de concentrer les forces éparses dans les différents pays de l'Union sur les points où leur présence serait reconnue nécessaire, de réaliser une meilleure utilisation des effectifs et d'envisager des réductions sur les troupes européennes sans affaiblir les moyens d'action du commandement.

Le décret du 17 octobre 1887 confia l'*Administration supérieure* du groupe indochinois à un Gouverneur Général civil, qui eut, sous sa haute autorité le Résident Général de l'Annam et du Tonkin, le Lieutenant-Gouverneur de la Cochinchine, le Résident Général au Cambodge, les chefs d'administration correspondant aux services communs à toute l'Indochine, le Commandant Supérieur des troupes, le Commandant Supérieur de la Marine, le Secrétaire Général du Gouvernement Général, le Chef du Service Judiciaire et le Directeur des Douanes et Régies.

Mais l'unité administrative devait rester limitée aux Services militaires, aux Services d'administration générale, au Service judiciaire, aux Douanes et aux Postes, chaque pays conservant son autonomie, son budget, son organisation propre, telle qu'elle résultait des institutions locales ou des actes diplomatiques passés avec les souverains protégés.

Le rapport du Président de la République, qui précède le décret prévoyait que l'union des pays indochinois ainsi comprise aurait d'heureux effets : économie dans le personnel, résultant de la suppression des emplois que l'organisation nouvelle permettrait de réaliser ; augmentation dans les recettes, par l'extension à toute l'Indochine de la perception de certaines contributions indirectes qui, en Cochinchine et au Cambodge, donnaient des revenus importants ; concentration de toutes les forces vives du pays pour assurer la pacification complète des diverses contrées de l'Indochine et leur développement agricole, industriel et commercial ; enfin réduction des dépenses métropolitaines par une meilleure utilisation des forces militaires et navales.

Le décret de 1887 eut des résultats bien plus gros de conséqu nce : il réalisa en effet l'union indochinoise, la dota d'un budget, créa un Conseil supérieur qui devint par la suite, avec quelques retouches, le Conseil de Gouvernement : car il contenait en germes toutes les institutions qui devaient faire de l'Indochine une de nos plus belles possessions. Le budget, quoique supprimé en 1888, fût définitivement rétabli sous le gouvernement de M. Doumer, en 1898.

Le décret de 1887 se trouvant à l'origine des grandes institutions qui nous régissent aujourd'hui, il importe de le reproduire ci-après, pour montrer l'évolution de ces institutions :

Article premier. — L'administration supérieure de la Colonie de Cochinchine et des protectorats du Tonkin, d'Annam et du Cambodge est confiée à un Gouverneur Général civil de l'Indochine.

Art. 2. — Les services indochinois sont répartis entre cinq chefs d'administration.

Le Commandant Supérieur des troupes ;
Le Commandant Supérieur de la marine ;
Le Secrétaire Général ;
Le Chef du Service judiciaire ;
Le Directeur des Douanes et Régies.

Un Trésorier-payeur est chargé, sous les ordres immédiats du Gouverneur Général, de la direction du Trésor pour les services indochinois.

Il peut être chargé du Trésor pour la Cochinchine et les pays du protectorat.

Art. 3. — Un Lieutenant-Gouverneur en Cochinchine, un Résident Général au Tonkin et en Annam, et un Résident Général au Cambodge représentent l'autorité métropolitaine. Ils sont placés sous les ordres du Gouverneur Général.

Art. 4. — Le Résident Général de l'Annam et du Tonkin et le Résident Général au Cambodge exercent, sous l'autorité du Gouverneur Général, les pouvoirs qui leur sont conférés par la loi du 15 juin 1885, portant approbation du traité de Hué, et par la loi du 17 juillet 1885, portant approbation de la convention passée avec Sa Majesté le Roi du Cambodge.

Le Gouverneur Général, par délégation du Président de la République, statue sur les recours en grâce.

Art. 5. — Le Lieutenant-Gouverneur et les Résidents Généraux reçoivent les instructions du Gouverneur Général et en assurent l'exécution par les officiers et fonctionnaires appartenant aux diverses administrations.

Art. 6. — Le Gouverneur Général correspond directement avec le Ministre de France en Chine, les Consuls et Vice-Consuls de France à Batavia, Hong-Kong, Singapore, Siam et Luang-Prabang. Il ne peut engager d'action politique ou diplomatique en dehors de l'autorisation du Gouvernement.

Art. 7. — Les différents services financiers en Indochine sont soumis aux inspections métropolitaines ; les rapports des inspecteurs sont transmis en même temps au Ministre et au Gouverneur Général.

Art. 8. — Toutes les dépenses des troupes de terre et de mer, françaises ou indigènes, de la flottille, des fortifications, du Gouvernement Général, des Postes et Télégraphes, des contributions indirectes et des douanes, sont supportées par le budget de l'Indochine.

Art. 9. — Les recettes comprennent les produits des postes et télégraphes, les contributions de la Cochinchine et des pays du protectorat, telles qu'elles sont fixées par un arrêté du Ministre de la Marine et des Colonies, et la Subvention métropolitaine.

Art. 10. — Le budget est préparé par le Gouverneur Général et délibéré par le Conseil supérieur de l'Indochine, composé :

Du Gouverneur Général, président ;

Du Lieutenant-Gouverneur de la Cochinchine ;

Du Résident Général en Annam et au Tonkin ;

Du Résident Général au Cambodge ;

et des cinq Chefs d'administration énumérés à l'article 2.

Il est approuvé par décret rendu en Conseil des Ministres sur le rapport du ministre de la Marine et des Colonies.

Les contributions imposées à la Cochinchine et aux pays du protectorat sont inscrites aux budgets locaux comme dépenses obligatoires.

Art. 11. — Les contributions indirectes et les produits des douanes sont perçus par le service des Douanes, et régis pour le compte des budgets locaux qui les ont établis ; il est fait, au profit du budget de l'Indochine à titre de frais de perception, une retenue proportionnelle dont le quantum est fixé par le ministre de la Marine et des Colonies, sur la proposition du Gouverneur Général.

Art. 12. — Des emprunts peuvent être contractés soit pour l'Indochine, soit pour la Cochinchine ou l'un des pays du protectorat, avec la garantie du budget général de l'Indochine. Dans le second cas, les intérêts et l'amortissement avancés par le budget général lui sont remboursés par le budget intéressé, conformément aux conventions intervenues lors de l'approbation de l'emprunt.

Les emprunts sont approuvés par décret en Conseil d'Etat.

En 1889, un décret du 9 mai remplaça le Résident Général de l'Annam-Tonkin par deux Résidents Supérieurs distincts et donna également au Résident Général du Cambodge le titre de Résident Supérieur. Actuellement les Chefs d'Administration locale ont donc tous les mêmes pouvoirs en ce qui concerne les grandes régions qu'ils administrent.

Le décret du 17 octobre 1887 n'avait pas créé une situation suffisamment nette, et plus d'une fois le gouvernement avait dû se préoccuper des difficultés survenues.

Voulant donner au Gouverneur Général plus d'autorité et de liberté d'action, le Chef de l'Etat signa, le 21 avril 1891, un décret qui, suivant l'expression de M. A. Girault « consacre une véritable abdication du pouvoir métropolitain » entre les mains de l'homme investi de sa confiance et qu'on laisse « agir à sa guise en attendant que son œuvre » soit « accomplie pour la juger ».

Les rédacteurs de ce décret se sont servis de formules très larges.

Le Gouverneur Général, dit l'article 1er, est le dépositaire des pouvoirs de la République dans l'Indochine française. Il a seul le droit de correspondre avec le Gouvernement. Il communique avec les divers Départements ministériels, sous le couvert du ministre des Colonies. Il correspond avec les ministres de France, consuls généraux, consuls et vice-consuls de France en Extrême-Orient.

Il organise, en vertu de l'article 2, tous les services de l'Indochine, et règle leurs attributions. Il nomme à tous les emplois civils, sauf à ceux dont la nomination est réservée au Président de la République : Lieutenant-Gouverneur, Résidents Supérieurs, Directeur du Contrôle financier, Résidents et Résidents-adjoints, Magistrats et Chefs des principaux services ; dans ce cas, il peut les suspendre de leurs fonctions, s'il y a urgence, à charge d'en rendre compte immédiatement au Ministre des Colonies.

Conformément aux articles 3 et 4, il peut déléguer tout ou partie de ses attributions au Lieutenant-Gouverneur de la Cochinchine et aux Résidents Supérieurs.

Aux termes de l'article 5, il est responsable de la défense intérieure et extérieure de l'Indochine, et dispose à cet effet des forces de terre et de mer qui y sont stationnées. Aucune opération militaire, (sauf le cas d'urgence, où il s'agirait de repousser une agression), ne peut être entreprise sans son autorisation ; toutefois il ne peut prendre lui-même le commandement des troupes.

Un Directeur du Contrôle financier, sous l'autorité immédiate du Gouverneur Général, est chargé, d'après l'article 8, de vérifier et de centraliser la comptabilité des différents services.

Les pouvoirs du Gouverneur Général n'étaient, en définitive, pas seulement délimités d'une façon nette ; ils étaient renforcés, pour lui permettre de forcer, au besoin, l'obéissance de tous.

Ci-après ce décret :

Article premier. — Le Gouverneur Général est le dépositaire des pouvoirs de la République dans l'Indochine Française. Il a seul le droit de correspondre avec le Gouvernement. Il communique avec les divers Départements ministériels sous le couvert du Ministre chargé des Colonies.

Il correspond avec les Ministres de France, consuls généraux, consuls et vice-consuls de France en Extrême-Orient. Il ne peut engager aucune négociation diplomatique en dehors de l'autorisation du Gouvernement.

Art. 2. — Le Gouverneur Général organise les services de l'Indochine et règle leurs attributions.

Il nomme à toutes les fonctions civiles à l'exception des emplois ci-après : Lieutenant-Gouverneur, Résidents Supérieurs, Directeur du Contrôle, Résidents et Vice-Résidents, Administrateurs principaux et Administrateurs, Magistrats et Chefs des principaux services. Les titulaires de ces emplois sont nommés par décret, sur sa présentation. En cas d'urgence, le Gouverneur Général peut les suspendre de leurs fonctions. Il doit en rendre compte immédiatement au Ministre chargé des Colonies.

Art. 3. — Le Gouverneur peut déléguer par décision spéciale et sous sa responsabilité son droit de nomination au Lieutenant-Gouverneur de la Cochinchine et aux Résidents Supérieurs de l'Annam, du Tonkin et du Cambodge.

Il peut également déléguer à ces fonctionnaires, dans la même forme, le droit de régler et d'organiser les attributions de leurs services.

Art. 4. — Le Gouverneur Général a sous ses ordres directs, le Lieutenant-Gouverneur, les Résidents Supérieurs, le Commandant Supérieur des troupes, le Commandant de la Marine et les Chefs des Services administratifs.

Il peut déléguer tout ou partie de ses pouvoirs au Lieutenant-Gouverneur de la Cochinchine et aux Résidents Supérieurs.

Art. 5. — Le Gouverneur Général est responsable de la défense intérieure et extérieure de l'Indochine. Il dispose à cet effet des forces de terre et de mer qui y sont stationnées.

Aucune opération militaire, sauf le cas d'urgence, où il s'agirait de repousser une agression ne peut être entreprise sans son autorisation.

Il ne peut, en aucun cas, exercer le commandement direct des troupes. La conduite des opérations appartient à l'autorité militaire qui doit lui en rendre compte.

Art. 6. — Le Gouverneur Général est chargé de l'organisation et de la réglementation du service des milices affectées à la Police et à la protection des populations, à l'intérieur de nos possessions de l'Indochine. Il nomme à tous les emplois dans ce corps.

Art. 7. — Des territoires militaires pourront être déterminés par le Gouverneur Général, et après avis du Résident Supérieur compétent et de l'autorité militaire.

Dans ces territoires l'autorité militaire exercera les pouvoirs du Résident Supérieur. Ces territoires rentreront sous le régime normal par décision du Gouverneur Général.

Art. 8. — Le Directeur du Contrôle est chargé, sous l'autorité immédiate et exclusive du Gouverneur Général, de la surveillance des services financiers, y compris le service du Trésorier-Payeur, de la vérification et de la centralisation de la comptabilité tenue par les différents services. Il peut être chargé par le Gouverneur Général de procéder à toutes vérifications dans les différents Services financiers du Tonkin de l'Annam, de la Cochinchine et du Cambodge.

Art. 9. — Le Gouverneur Général dresse chaque année, conformément à la législation en vigueur, les Budgets de la Cochinchine et des protectorats.

Après approbation de ces Budgets par le Gouvernement, il prend toutes les mesures nécessaires pour leur exécution. Il soumet à la ratification du Gouvernement tous projets de travaux, contrats; concessions et entreprises de toute nature qui excèdent les ressources des protectorats.

Art. 10. — Sont abrogés les articles 1, 2 et 3 du décret du 20 octobre 1887, ainsi que toutes les dispositions antérieures au présent décret.

En 1897, le gouverneur général Doumer, frappé de la stagnation des recettes locales, — il n'existait pas à l'époque de budget général — ordonna la mise à l'étude de réformes qui aboutirent au remaniement des impôts, à l'établissement de taxes nouvelles et à la superposition aux divers budgets locaux d'un budget commun à toute l'Indochine.

La distinction fondamentale du décret du 31 juillet 1898 repose sur l'établissement, d'une part, de taxes et contributions directes au profit des budgets locaux, et, d'autre part, d'impôts indirects profitant au budget général.

Comme le dit M. A. Girault, l'idée maîtresse de M. Doumer était de demander à l'opium, l'alcool et le sel, de fournir la plus grosse partie des recettes du budget général.

« Etant donnés la composition des populations et « leur état social,. . . . . les taxes de consom- « mation . . . . constituaient les ressources les plus « considérables, sur lesquelles on pouvait compter. » (Rapport de M. Paul Doumer au Conseil Supérieur de l'Indochine. — Session ordinaire de 1902).

Les prévisions du Chef de la colonie dépassèrent toutes les espérances, et, aujourd'hui encore, ces trois grandes régies alimentent pour la plus grande part le budget général.

La création d'un budget commun à toute l'Indochine, ayant ses recettes propres, ses dépenses d'intérêt commun aux divers Pays de l'Union, géré directement par le Gouverneur Général, donna au gouvernement toute sa force et eut la plus heureuse influence sur le développement du Pays.

Ci-dessous le texte du décret du 31 juillet 1898.

Article premier. — Les dépenses d'intérêt commun à l'Indochine sont inscrites à un budget général arrêté en Conseil Supérieur de l'Indochine par le Gouverneur Général, et approuvé par décret rendu en Conseil des Ministres sur la proposition du Ministre des Colonies.

Le projet du budget général de l'Indochine, pour chaque exercice, et les situations provisoires ou définitives des budgets généraux antérieurs seront communiqués chaque année au Parlement à l'appui du projet de loi des finances.

Art. 2. — Le budget général de l'Indochine pourvoit aux dépenses :

1° Du Gouvernement Général et des services qui en dépendent directement ;

2° De l'Inspection mobile des Colonies ;

3° De la portion des services militaires mise à la charge de l'Indochine ;

4° Du service de la Justice française ;

5° Des Administrations des Douanes et Régies et des autres contributions directes ;

6° Des travaux publics d'intérêt général dont la nomenclature sera arrêtée chaque année par le Gouverneur Général en Conseil Supérieur de l'Indochine et approuvée par le Ministre des Colonies ;

7° Du service des Postes et Télégraphes ;

Art. 3. — Il est fait face à ces dépenses par les recettes des Douanes et Régies et des contributions indirectes de l'Indochine.

Les taxes et contributions indirectes autres que les droits de douanes destinés à alimenter le budget général sont établies par le Gouverneur Général en Conseil Supérieur de l'Indochine. Le mode d'assiette et les règles de perception sont approuvées par décret.

Art. 4. — Les budgets locaux de la Cochinchine, du Tonkin, de l'Annam, du Cambodge et du Laos pourvoient, sauf le cas de dispositions spéciales ou de conventions avec les autorités indigènes, aux dépenses de trésorerie, aux frais de perception des impôts directs et des taxes assimilées, aux travaux publics d'intérêt local, aux dépenses de la colonisation, de l'instruction publique, des services médicaux, de la police de la justice indigène, des services pénitentiaires et autres services locaux.

Art. 5. — Les recettes autres que celles des Douanes et Régies et contributions indirectes constituent les ressources des budgets locaux qui peuvent recevoir, en outre. les subventions du budget général.

Art. 6. — Les dépenses du budget général de l'Indochine sont ordonnancées par le Gouverneur Général qui peut sous-déléguer les crédits au Lieutenant-Gouverneur de la Cochinchine, aux Résidents Supérieurs et aux Commandants Supérieurs du Laos.

Le compte de ces dépenses est arrêté par le Gouverneur Général en Conseil Supérieur de l'Indochine.

Art. 7. — Le Trésorier-Payeur de la Cochinchine centralise dans des conditions qui seront déterminées par des arrêtés ministériels les opérations en recettes et en dépenses du budget général de l'Indochine. Il est justiciable de la Cour des Comptes pour ces opérations.

Art. 8. — Le décret du 20 novembre 1882 sur le régime financier des Colonies, en ce qui concerne les budgets locaux et le service de trésorerie, ainsi que le règlement financier du 14 janvier 1869 sont applicables aux recettes et aux dépenses du budget général de l'Indochine.

Art. 9. — Sont abrogées toutes les dispositions des décrets et arrêtés antérieurs, en ce qu'elles ont de contraire aux présentes dispositions dont l'application sera réglée par des arrêtés du Gouverneur Général.

Dès 1898 l'Union Indochinoise était constituée dans sa forme actuelle. Cependant les institutions créées n'étaient pas souples. S'il y avait eu déconcentration au profit du Gouvernement Général et abdication du Pouvoir Central en sa faveur, le Gouverneur Général avait retenu entre ses mains toutes les attributions qu'on lui avait dévolues. De grands chefs de service dont l'action s'étendait à l'Indochine toute entière détenaient toute l'administration, laissant au Gouverneur de la Cochinchine et aux Résidents Supérieurs un rôle de plus en plus restreint.

Il convenait de mieux adapter la nouvelle organisation à son but et à son milieu. Ce fût l'objet des décrets du 20 octobre 1911.

L'institution du Gouvernement Général procède en effet d'une idée simple, dit le rapport présentant ces décrets à la haute sanction du Président de la République : un pays nouveau qui doit être formé, organisé, développé suivant ses aptitudes et ses moyens propres ne peut être gouverné, dirigé et administré de la Métropole. Si donc il est légitime que les attributions de souveraineté restent en dernière analyse réservées au Pouvoir Central, il n'est pas moins indispensable que l'autorité agissante, l'initiative et la responsabilité soient aussi rapprochées que possible du milieu où elles s'exercent et fortement concentrées sur place. C'est à cette idée qu'a répondu la création des Gouverneurs Généraux, et il faut entendre de la manière la plus large et la plus formelle les textes qui les qualifient « dépositaires des pouvoirs de la République ». Le mandat de confiance dévolu à ces représentants a pour effet de transporter au sein même des pays administrés les attributions les plus hautes du Gouvernement métropolitain, et de réduire au minimum pour celui-ci les occasions d'intervention directe.

En Indochine, comme partout ailleurs, cette formule a donné les résultats qu'on pouvait en attendre. L'essor de la colonie, longtemps retardé par les regrettables habitudes de centralisation qui déféraient aux Bureaux irresponsables de Paris, le soin de décider sur pièces de toutes les questions importantes, s'est affirmé décisif et rapide dès que les destinées de l'Indochine ont été remises à un plénipotentiaire, ayant selon l'expression de Jules Ferry « mandat d'agir et d'oser ».

Les progrès ont été sensibles surtout depuis la création du budget général qui a donné au Gouvernement Général sa véritable existence.

Mais il est apparu, par la suite que le Gouverneur Général ne peut remplir utilement sa mission s'il n'est dégagé des détails de l'administration, s'il n'est déchargé de toute tâche secondaire par la constitution sous ses ordres directs de pouvoirs locaux fortement organisés, sous réserve, en pays de protectorat, des droits des souverains protégés. Entre ceux-ci et la Métropole, le Gouverneur Général apparaît comme l'organe fécond de liaison, de régularisation, de coordination. Le Gouvernement Général doit ainsi présenter l'organisation d'une fédération de pays, relativement autonomes.

Or, en Indochine, la décentralisation locale avait été à peine ébauchée. La tendance contraire y avait même prévalu, imitée de notre organisation métropolitaine. Si le mandataire du Pouvoir Central avait reçu pleine délégation, il avait conservé, concentrées entre ses mains, toutes les attributions qui lui étaient dévolues. De plus, il s'était affirmé comme le chef direct de toute l'administration, les chefs d'administration locale jouant un rôle de plus en plus effacé, tandis que se développaient, de jour en jour, les services généraux rattachés directement au Gouvernement Général.

Des mesures s'imposaient donc pour parer aux inconvénients signalés rigidité des institutions, atténuation du sentiment des responsabilités, développement excessif du fonctionnarisme.)

Un premier décret confirme en conséquence l'institution du Gouvernement Général, en le définissant à nouveau de la manière la plus formelle ainsi que la plus large.

Un second décret maintient, sous le nom de Conseil de Gouvernement, l'assemblée consultative destinée à assister ce haut fonctionnaire dans l'exercice de ses pouvoirs. Dans la composition de ce Conseil, sont mentionnés : le Secrétaire Général, emploi créé, les Inspecteurs Généraux des Travaux Publics et du Service de Santé, dénominations nouvelles, remplaçant celles de Directeurs Généraux de ces memes services.

Un troisième décret pose les principes de décentralisation intérieure dans chaque pays de l'Union, possédant son autonomie administrative ; il définit le rôle du Gouverneur et des Résidents Supérieurs et détermine la composition et la compétence du Conseil qui lui est adjoint. Ces mesures, dit le rapport, ne sauraient avoir pour objet de dresser en face du Gouverneur Général des organes locaux susceptibles de s'a - franchir de sa direction. Le Gouverneur de la Cochinchine et les Résidents Supérieurs ne sont que des émanations de l'autorité préposée au Commandement Général du groupe entier ; ils n'exercent leurs pouvoirs qu'en vertu d'une délégation de cette autorité.

Mais cette délégation est nécessaire et générale. Ainsi se trouve réalisée la création de ces centres secondaires d'initiative et de responsabilité sans lesquels le Gouverneur Général, absorbé par les détails de l'administration, perdrait l'indépendance d'esprit, la liberté de jugement, la hauteur de vues qui sont les conditions et la raison d'être de ses éminentes fonctions.

Un quatrième décret enfin, institue le budget général, alimenté exclusivement par le produit des régies, des droits d'entrée et de sortie, de l'enregistrement, du domaine et du timbre, ainsi que des Postes et Télégraphes, et supportant toutes les charges de l'Administration Générale, du service de Perception des impôts dont il profite, des Travaux d'intérêts général, et des engagements contractés par l'Indochine. L'exploitation des chemins de fer fait l'objet d'un budget annexe. Le territoire de Kouan tchéou Wan, dont les ressources sont trop faibles, fait également l'objet d'un budget annexe.

Chacun des Pays de l'Union possédant un budget propre, dont l'ordonnateur est le Gouverneur de la Cochinchine et les Résidents Supérieurs, le budget général leur est superposé, de même que le Gouverneur Général est superposé aux Chefs d'administration locale.

Seul le budget général est soumis à l'approbation métropolitaine qui intervient également pour fixer le mode d'assiette et les règles de perception des impôts indirects. Ces mêmes pouvoirs de contrôle, pour les budgets locaux et les taxes dont ils s'alimentent, sont remis au Gouverneur Général, en vertu même de la délégation de principe qui lui est faite par le Pouvoir Central.

Le rapport signale en terminant la disparition d'une anomalie : l'approbation ou l'annulation des votes du Conseil Colonial jusqu'alors déférés au

Gouvernement Métropolitain, en vertu de textes antérieurs à la création du Gouvernement Général, rentrent désormais dans la compétence du haut fonctionnaire qui, en qualité de dépositaire des pouvoirs de la République, est seul qualifié pour exercer ces attributions régulatrices.

Ce rapport éclaire toute la question et il paraît inutile dans ces conditions de reproduire ci-après des textes qu'il est facile de se procurer d'autre part. Le premier de ces décrets n'est au surplus que la reproduction de celui du 21 avril 1891.

www.ingramcontent.com/pod-product-compliance
Ingram Content Group UK Ltd.
Pitfield, Milton Keynes, MK11 3LW, UK
UKHW022155170726
13837UKWH00004B/1997

9 782329 210735